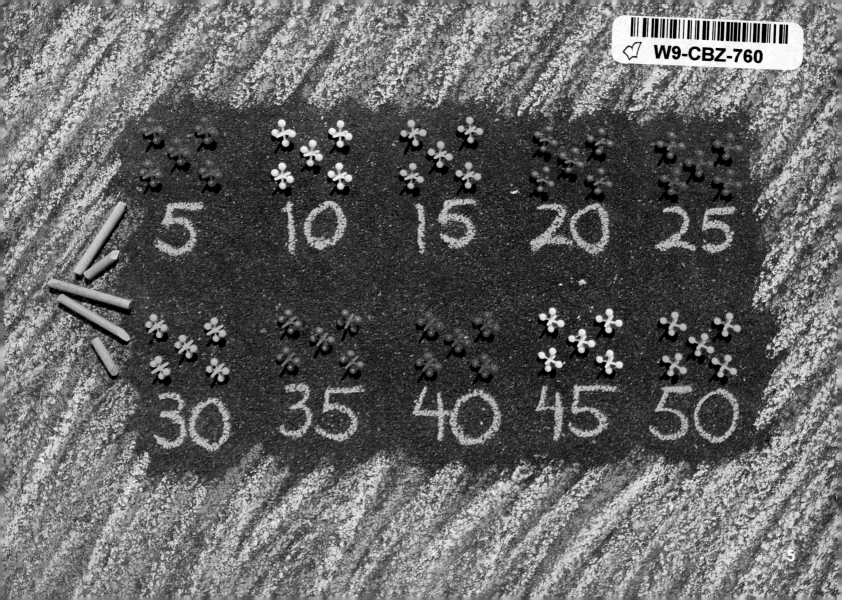

Skip count, skip count,
count by **tens**.
Skip count, skip count,
count by **tens**.
Skip count, skip count,
count by **tens**.
We can count to **one hundred**!

The Skip Count Song

Skip count, skip count,
count by **twos**.
Skip count, skip count,
count by **twos**.
Skip count, skip count,
count by **twos**.
We can count to **twenty**!

Skip count, skip count,
count by **fives**.
Skip count, skip count,
count by **fives**.
Skip count, skip count,
count by **fives**.
We can count to **fifty**!

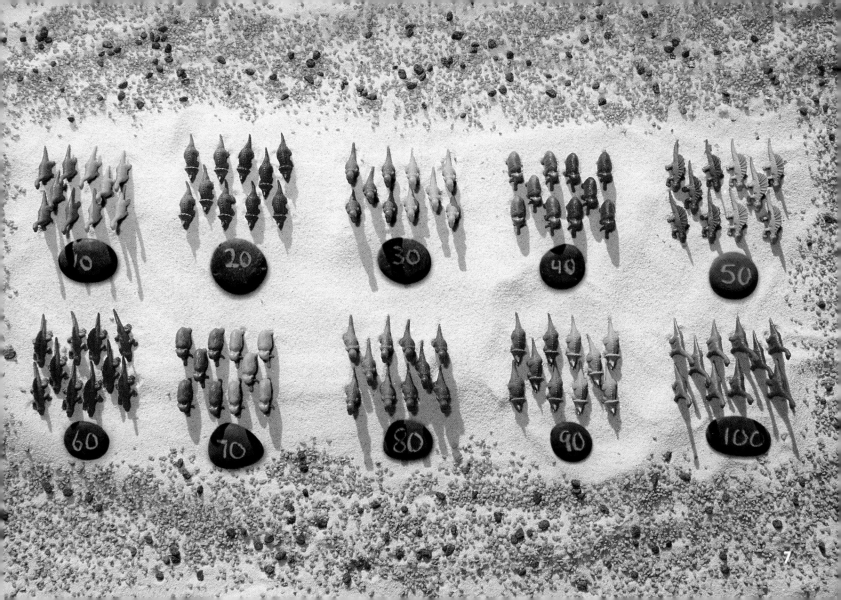

10 20 30 40 50
60 70 80 90 100

We can count to 100!